# DE L'ADMINISTRATION

# DE LA POLICE.

DE L'IMPRIMERIE DE RIGNOUX.

# DE L'ADMINISTRATION

# DE LA POLICE

## PÉNDANT LA TERREUR DE 1815,

### OU

# LA VÉRITÉ SUR M. ANGLÈS.

# A PARIS,

Chez P. F. PEYTIEUX, libraire, passage du Caire, grande galerie, n° 121.

1821.

# DE L'ADMINISTRATION

# DE LA POLICE

## PENDANT LA TERREUR DE 1815,

### OU

# LA VÉRITÉ SUR M. ANGLÈS.

---

IL m'est par hasard tombé sous la main une brochure assez volumineuse, dont le titre *de la police, sous MM. les duc Decazes, comte Anglès, et baron Mounier*, a d'autant plus excité ma curiosité, qu'ayant eu avec le second de ces magistrats des rapports très-fréquens, j'étais à portée d'apprécier la vérité de tout ce qu'on avançait sur son compte. Je pris donc lecture de cet écrit, prévoyant bien que la critique de l'administration de M. le préfet de police serait étayée sur quelques mensonges, qu'on lui ferait plusieurs reproches sans fondemens; mais l'événement surpassa mon attente, car je rencontrai à chaque page la mauvaise foi, à chaque mot la calomnie, partout les faits dénaturés dans les plus perfides intentions.

Quoique le style et le caractère de l'auteur semblassent être un préservatif contre le poison que renfermait son ouvrage, que d'ailleurs l'absurdité de ses calomnies fût trop évidente pour qu'on pût craindre qu'elles s'accréditassent, je n'ai pu supporter l'idée de laisser de semblables horreurs sans réponse, et j'ai pris la plume, non pas pour la défense d'un magistrat qui n'a pas besoin qu'on le défende, mais pour celle de la vérité qu'on ose outrager si impudemment.

Au reste, je ne parlerai que des faits relatifs à M. le comte Anglès, dont j'ai eu une connaissance personnelle par les fonctions que j'ai exercées. On pourra juger par la manière dont l'écrit en question les défigure, de la véracité qu'il apporte dans le récit de ceux qui ne font pas partie de mon sujet. C'est d'ailleurs à ceux qu'ils regardent ou qui les connaissent, à rétablir la vérité dans tout son jour.

Je fus recommandé vers la fin de 1815, à M. le comte Anglès, par un royaliste auquel j'ai voué depuis le 9 thermidor une amitié qui ne finira qu'avec ma vie, à l'effet d'obtenir une place de commissaire-inter-rogateur pour la partie politique. Cette re-commandation, et deux brochures roya-listes (1) que j'avais fait paraître pendant les cent jours, décidèrent M. Anglès en ma fa-veur. J'entrai en fonctions le 20 février 1816, en qualité de second interrogateur au deuxième bureau, dont M. Nartus, homme respectable, plein de vertus et de bonté, était le chef.

On était alors au plus fort *de la terreur de* 1815; aussi puis-je rendre un compte exact de la manière dont M. Anglès l'avait organisée. Il y avait encombrement à la pré-fecture pour les détenus; ils étaient plusieurs jours sans être interrogés. M. Anglès nous prescrivit de leur faire subir interrogatoire autant que possible dans les vingt-quatre heures, et de rédiger aussitôt notre rapport,

---

(1) La première intitulée , *Discussion des torts qu'on im-pute à Louis XVIII*, publiée en avril 1815; et la deuxième, *Réponse au Mémoire de Carnot*, publiée en juin même année.

pour ne pas prolonger la captivité de ceux qui pourraient se trouver innocens; et comme il se trouvait environ quatre-vingts détenus qui n'étaient pas interrogés, il nous adjoignit plusieurs commissaires de police pour nous aider, et en effet, au bout de quatre jours nous étions au courant.

M. Nartus, et moi, étions très-disposés à seconder M. le préfet de police dans l'organisation de cette *terreur*, aussi toutes les affaires étaient-elles instruites, et rapportées dans les quarante-huit heures. Les innocens étaient mis sur-le-champ en liberté, et M. Nartus, lorsqu'il descendait les faire élargir, était plus satisfait qu'eux-mêmes : il faut cependant l'avouer à la honte du système de terreur adopté alors ; c'est que M. le préfet ne faisait aucune difficulté de signer la liberté des détenus dont on lui démontrait l'innocence. Mais si d'un côté on arrêtait quelques innocens sur de fausses dénonciations, malheureusement on arrêtait encore plus de coupables, qui poussaient l'audace du crime jusqu'à insulter le souverain dans son palais, et de véritables conspirateurs dont nous parlerons lorsque nous en serons à cet article.

La police avait découvert que des libraires, spéculant sur le scandale, avaient entrepris un journal séditieux auquel ils avaient donné le nom de *Nain Tricolore*. Je fus chargé de l'instruction, et je vins à bout d'obtenir le nom des auteurs et éditeur. L'imprimeur seul était inconnu ; mais M. Anglès usa d'un moyen ingénieux pour le découvrir : il réunit chez lui plusieurs fondeurs, et graveurs en caractères, leur fit reconnaître celui employé à l'impression dont il s'agit, et quand il sut de quelle fonderie il était sorti, il découvrit que l'imprimeur était le sieur Bouquot à Troyes ; il le fit arrêter, et on trouva chez lui le manuscrit du second numéro ; tous les prévenus ont été envoyés à la cour d'assises, qui les a condamnés à la déportation. Depuis, comme chacun sait, le Roi, dont la clémence est inépuisable, leur a fait grâce.

Dans ce même temps, un commissaire de police, que je m'abstiendrai de nommer, ayant appris qu'une femme de son quartier était suspectée de bonapartisme, n'eut pas honte de se présenter chez elle comme officier de l'armée de la Loire; ayant ainsi surpris sa confiance, il découvrit chez elle les bustes de Bonaparte et de son épouse : en conséquence il manda cette dame à son bureau, la fit arrêter et conduire à la préfecture de police, avec les bustes qu'il avait fait saisir. Ce commissaire de police, croyant sans doute sa petite ruse digne d'éloges, n'avait pas manqué de la mentionner dans son rapport. Pour moi qui interrogeai la prévenue, je ne vis pas les choses du même œil que lui; je ne jugeai pas qu'un homme qui remplit des fonctions publiques, pût se déguiser pour aller surprendre le secret des familles. J'en fis mon rapport à M. Anglès, en concluant à la liberté de cette femme. Eh bien! que croit-on que M. Anglès, dans son système de terreur, ait ordonné? On suppose sans doute, si on ne le juge que d'après l'ouvrage auquel je réponds, qu'il a donné son approbation à la conduite de son commissaire de police; au contraire, non content d'avoir ordonné la mise en liberté à laquelle je concluais, il chargea M. Dechanay, chef de la première division, de mander ce commissaire de police, et de lui dire que s'il continuait de travailler de la sorte, *on cesserait tous rapports avec lui.*

Toutefois au nombre des arrestations qui avaient lieu, beaucoup étaient faites sur des dénonciations fausses : aussi j'employais tous mes soins à les discerner de celles qui étaient fondées ; et dès que j'avais acquis la preuve de leur fausseté, j'en faisais mon rapport à M. Anglès, qui ordonnait chaque fois l'arrestation des dénonciateurs qui subissaient toujours la peine de leur imposture. Deux ou trois faits vont prouver combien M. Anglès accueillait avec empressement l'occasion de faire de semblables actes de justice.

Un particulier ayant, par suite d'affaires de famille, pris querelle avec le précepteur de ses enfans, l'accusa près de la police de l'avoir frappé ; on avait fait un rapport à M. Anglès et surpris un ordre d'arrêter le précepteur ; mais comme je ne reconnus dans ce fait rien qui pût donner lieu à l'action de la police, puisqu'en le supposant vrai cela ne pouvait regarder que les tribunaux, je déclarai à M. Anglès que non-seulement cette arrestation était illégale, mais qu'elle était faite sur une dénonciation fausse, ainsi que je l'établirais dans mon rapport. M. Anglès m'a dit que puisqu'il en était ainsi, *je n'avais qu'à faire mettre sur-le-champ le détenu en liberté; qu'il était inutile de le retenir plus long-temps, et qu'il approuverait mon rapport lorsque je l'aurais terminé.* Décision admirable, qui m'a pénétré pour lui de la plus profonde vénération; je n'ai reconnu en M. Anglès que bonté et douceur pendant le temps que j'ai travaillé sous ses ordres. Je suis persuadé qu'il a fait tout le bien qu'il a pu, et convaincu qu'il n'a jamais manqué l'occasion de faire celui qui lui a été signalé.

Il y avait, dans le corps de la gendarmerie à pied, un brigadier nommé Imbaut, qui en effet aurait bien été capable d'organiser la terreur, s'il eût trouvé dans l'administration de la police des personnes disposées à s'y prêter. Mais nous étions persuadés que le moyen de faire aimer le gouvernement du

Roi était de ne persécuter personne ; aussi les arrestations multipliées faites par ce gendarme et sa brigade nous avaient-elles paru, à M. Nartus et à moi, d'autant plus suspectes, qu'il ne nous présentait jamais d'autres témoins que ses gendarmes. Cependant nous étions obligés, sur leurs dépositions, de renvoyer les prévenus devant les tribunaux, et plusieurs furent malheureusement condamnés. Mais la Providence, qui ne laisse rien impuni, permit que ce brigadier se rendit coupable du crime de concussion. En effet, ayant voulu mettre un propriétaire à contribution, et celui-ci ayant refusé de lui donner l'argent qu'il exigeait, ce brigadier, par vengeance, l'accusa de propos séditieux et l'arrêta. Je fus chargé de l'interroger, parce que ce gendarme l'accusait de propos injurieux contre le Roi ; mais ne voyant rien dans le procès verbal qui pût motiver cette arrestation, j'en témoignai mon étonnement au détenu, qui me donna connaissance des actes de concussion de ce gendarme. J'informai cette affaire avec le consentement du détenu, qui voulut bien rester vingt-quatre heures de plus en prison, afin que j'eusse le temps de recueillir les faits pour en donner connaissance à M. Anglès; et lorsque j'eus réuni les preuves, j'en fis le rapport à Son Exc. qui mit en marge, *instruire de suite cette affaire, et si ce gendarme n'est pas coupable, reconnaître son innocence.* Mot admirable, qui prouve combien M. Anglès a de peine à croire au crime. Je fis l'instruction, et elle a donné les preuves les plus complètes de la culpabilité du brigadier de gendarmerie. M. Anglès, loin de le soustraire aux peines qu'il méritait, l'a fait traduire à la cour d'assises, où il a été condamné à sept ans de fer et à la flétrissure, pour s'être rendu coupable du crime de faux.

Je ne finirais pas si je voulais récapituler tous les actes de bonté de M. Anglès dans les affaires que j'ai dirigées ; je ne peux cependant me refuser le plaisir de citer le trait suivant. Un particulier qui devait de l'argent à son associée avait imaginé, pour se soustraire au payement de ce qu'il devait, de la faire dénoncer par un agent secret de la police, et il avait paru comme témoin en protestant qu'il ne déposait que comme forcé et contraint. Lorsque les pièces me furent remises, je jugeai que, malgré ses protestations, il était l'auteur véritable de la dénonciation. J'appelai l'agent qui, après avoir communiqué ma lettre à M. Foudras, vint pour déposer en me déclarant son état d'agent secret. Je reçus sa déclaration et acquis la preuve qu'il n'avait fait sa dénonciation qu'à l'instigation du prétendu témoin; elle était même écrite en entier de la main de ce dernier. L'agent me la remit, et je la joignis aux pièces. Lorsque je fis mon rapport, qui concluait à la mise en liberté de la prévenue, M. Anglès me communiqua une lettre de M. Foudras, où, tout en faisant l'éloge de ma manière d'interroger, il se plaignait de ce que je compromettais les agens en les faisant comparaître, et que ce n'était pas ainsi qu'on devait procéder à la police. Je fis observer à M. Anglès que si je n'en avais pas agi ainsi, je n'aurais pas pu lui établir que cette dénonciation était l'ouvrage de l'associé de cette femme, et non pas de celui qui l'avait faite; il m'écouta avec bonté, approuva mon rapport et ma conduite.

Tous ces faits parlent assez clairement et n'ont pas besoin de commentaire; j'en pourrais rapporter une foule de semblables, mais j'aime mieux m'attacher à ceux qui sont particulièrement *défigurés* dans la brochure que je réfute.

L'auteur insiste particulièrement sur la conspiration des patriotes de 1816, qui, selon lui, a été inventée par la police et fomentée par des agens provocateurs. Cette fable que l'auteur a imaginée, à l'instar des affaires de Lyon, est d'une absurdité peu commune, et c'est, je crois, la première fois qu'on ose la débiter.

Au reste il n'y a pas un mot de vrai dans tout ce qu'il avance, et c'est ce que je vais établir en rapportant les faits tels qu'ils se sont passés; la connaissance que j'en ai eue par ma place me met à même de les garantir.

D'abord il est faux que Scheltien ou Shelsten fût employé à la police lors de cette conspiration; il en avait été chassé, et

il n'y est rentré que par suite de la révélation qu'il devait faire avec Dervin, mais
qu'il a faite seul, ainsi que je vais l'expliquer
plus bas. Or, s'il n'était pas employé, *il est
donc faux que M. Foudras ait fait pro-
poser aux trois agens Metrécé, Sevrai et
Coste, de seconder Shelsten dans les actes
criminels qui lui étaient confiés.* Il est éga-
lement faux que ces trois inspecteurs *frémi-
rent d'horreur lorsqu'ils connurent l'exé-
crable mission au succès de laquelle ils
étaient appelés ; qu'ils refusèrent leur mi-
nistère à des actions aussi infâmes , et
qu'ils furent arrêtés pour ce fait.*

Si ces trois agens ont ainsi rapporté à l'auteur de la brochure les faits qui leur sont
relatifs, il faut avouer qu'ils ne se sont pas
piqués de véracité. Au reste, si on veut savoir pourquoi ils ont été arrêtés et chassés
de la police, je puis satisfaire la curiosité à
cet égard, parce que j'ai procédé à leur interrogatoire. Ces misérables s'étaient permis
contre le roi les propos les plus infâmes ; ils
avaient été signalés à M. Anglès pour ce fait
dont ils ont été convaincus ; et assurément

l'auteur conviendra qu'il était impossible de laisser de pareilles gens en place.

Quelle singulière position que celle d'un préfet de police ! Une conspiration a-t-elle lieu, et fait-elle quelques progrès avant qu'il ait des renseignemens suffisans pour en faire saisir les auteurs ? on accuse aussitôt son imprévoyance, son incapacité. L'un des conjurés vient-il faire la révélation du nom et du plan de ses complices ? c'est un agent provocateur que la police a mis en avant ; et on tire la preuve de cette assertion de ce que le préfet de police a pendant quelques jours laissé les conjurés ourdir leurs trames sous la surveillance de ses agens, qu'il n'a introduits au milieu d'eux que pour vérifier jusqu'à quel point la dénonciation était exacte, et saisir en même temps tous les fils du complot de manière à ce qu'il n'éclate pas au moment où on le croirait détruit.

Ce système de critique serait vraiment désolant pour un magistrat qui aurait la faiblesse d'y faire attention, et que le sentiment de sa conscience ne mettrait pas au - dessus du blâme de quelques pamphlétaires, organes de quelques mécontens.

Nous trouvons cependant dans l'histoire des exemples qui seraient de nature à leur ouvrir les yeux s'ils étaient de bonne foi ; et en effet, pour citer un trait que personne n'ignore, Cicéron, qui connaissait le plan de conjuration et les affreux projets de Catilina, n'a pas agi autrement que nos magistrats ; il s'est contenté de faire surveiller, et lorsqu'il a eu réuni toutes les preuves, il a convoqué le sénat pour lui faire connaître l'étendue de la conjuration ; il a forcé par là Catilina à sortir de la ville et à se déclarer, et ensuite il a fait périr les conjurés restés à Rome. Certes, personne ne s'avisera de blâmer cette conduite, pour laquelle, dans son temps, il fut nommé avec raison *le sauveur de la patrie*. A la vérité, quelques années après, de mauvais citoyens l'ont fait exiler ; mais alors aussi une révolution s'opérait dans la république, et le règne des honnêtes gens était bien près de finir. Aux brochures que nous voyons se succéder contre les magistrats, on pourrait croire aussi que le règne des Clodius veut renaître ; mais nous avons heureusement des moyens de répression qui manquaient alors contre les fauteurs de révolte et de sédition.

Reprenons cependant le fil de la conspiration des patriotes de 1816, que l'auteur analise d'une manière à la fois obscure et mensongère. D'après lui, autant que l'on peut comprendre, Carbonneau, Tolleron et Pleignier n'auraient pas conspiré, ils auraient seulement joué le rôle d'espions du consentement du ministre. A quelle classe de lecteurs espère-t-il donc faire croire de pareilles absurdités, surtout quand le contraire résulte clairement de tous les aveux contenus dans la procédure ? Oui, la conspiration des patriotes de 1816 a réellement existé ; et si elle n'a pas réussi, c'est uniquement parce qu'au nombre des conspirateurs il s'en est heureusement trouvé qui ont calculé sur les récompenses que leur procurerait la révélation. C'est dans cet esprit que Dervin, dont parle l'auteur de la brochure, s'était jeté dans la conspiration. En sa qualité d'ancien officier, il avait gagné la confiance des conjurés

dont il méditait de vendre le secret. Toutefois comme il n'avait aucun accès à la police,
il associa à ses projets Schelsten qui y avait
été employé; en conséquence il le fit initier
dans le complot et admettre à une assem-
blée de conjurés, où même Dervin présenta
le plan qu'il avoit dressé pour l'attaque des
Tuileries, et où Schelsten fit la proposition
de faire entrer un baril de poudre dans
l'égout placé au-dessous ou près du château,
afin de le faire sauter; ayant ainsi obtenu
la confiance des conspirateurs, Dervin et
Schelsten convinrent entre eux que celui-ci
feroit la révélation en leurs deux noms. A
cet effet, Dervin lui remit le plan des Tuileries, afin qu'il le présentât à l'inspecteur
général comme une preuve du complot.
Schelsten, qui désirait rentrer à la police, et
gagner la confiance de l'inspecteur général,
manqua de foi à Dervin. Il fit la déclaration
en son nom seul, il remit le plan qu'il avoit
reçu, il obtint la confiance, on le chargea de
suivre le complot pour en avoir la preuve,
et en connaître toute l'étendue, et lorsqu'on
connut les conjurés on les fit arrêter; mais

les proclamations avaient été imprimées depuis long-temps.

Eh bien! le croira-t-on? L'auteur ne
craint pas d'avancer « qu'un inconnu, qui
« continuait de faire des recrues par la dis-
« tribution de cartes jusque dans les rues,
« connut l'heure à laquelle Dervin devait lui
« remettre la copie au net du plan d'attaque,
« qu'il fit arrêter presqu'au même instant
« *Dervin avec la copie de ce plan dans les*
« *mains*, Tolleron avec la gravure des car-
« tes, Charles et Carbonneau transportant
« d'un lieu dans un autre les caractères en
« paquets qui devaient servir à l'impression
« de la proclamation, et enfin Pleignier,
« dans les fosses de la tannerie duquel il
« avait jeté les cartes et une copie de la pro-
« clamation. »

Cet auteur va jusqu'à dire que ces trois
conspirateurs furent on ne peut plus surpris
de leur arrestation. C'est pousser le privilége
de mentir un peu loin, car il n'y a pas un
mot dans ce paragraphe qui ne soit une imposture.

D'abord il est faux que Dervin ait été arrêté avec le plan d'attaque qu'il avait dressé, puisqu'il l'avait remis à Schelsten pour le présenter à l'appui de leur révélation à l'inspecteur général; il est vrai que pour le lui faire reconnaître on lui annonça l'avoir trouvé dans ses papiers; mais il déclara avec raison que le plan ne pouvait en faire partie, ayant été par lui remis à Schelsten pour prouver le complot dont la révélation était concertée entre eux.

Il n'est pas plus vrai que Charles et Carbonneau aient été arrêtés transportant d'un lieu dans un autre les caractères en paquets qui devaient servir à l'impression de la proclamation, ni Tolleron avec la gravure des cartes. La proclamation, ainsi que nous l'avons annoncé plus haut, était imprimée long-temps avant leur arrestation.

Assurément, si ces conspirateurs eussent été saisis avec les pièces de conviction, je n'aurais pas été embarrassé dans les interrogatoires que j'ai fait subir à Charles et à Carbonneau, pour obtenir l'aveu de leur complicité. Mais jamais Charles n'avait été trouvé nanti des caractères, on savait qu'il les avait fournis, on les reconnut dans son imprimerie, lorsqu'on y fit une descente pour faire la composition pareille à celle de la proclamation, aussi a-t-il constamment nié que cette proclamation fût sortie de son imprimerie, et eût été faite avec ses caractères. Quant à Carbonneau, interrogé par moi s'il avait connaissance de la conspiration et s'il connaissait les conjurés, il nia constamment; or aurait-il pu le faire s'il avait été trouvé nanti des papiers comme on le prétend? Mais cela est si faux, qu'il m'a été impossible, faute de renseignemens précis, de pousser l'interrogatoire jusqu'à obtenir leurs aveux. Quant à Tolleron, plusieurs des conspirateurs étaient déjà arrêtés, qu'il était encore libre; et cela est si vrai, qu'il fut pris dans un café, boulevart du Temple, où il continuait d'aller dans la confiance de n'être pas découvert.

Pleignier, que l'auteur représente comme un espion mis en avant par M. Decazes, était si peu connu de la police comme un conspirateur, que lors de son arrestation, il subit un interrogatoire avec tant de présence d'esprit, qu'il fut remis en liberté. C'est pour avoir indiscrètement tenu le propos, que la police était bien ignorante au sujet de la conspiration, qu'il fut arrêté une seconde fois. Or si, comme l'avance l'auteur, lorsqu'on interrogea Pleignier, il eût été seulement dans cette affaire *comme espion*, aurait-il nié la conspiration, n'aurait-il pas dit au contraire qu'il la connaissait, qu'il l'avait même déclarée à la police, n'aurait-il pas donné des notes sur les différentes démarches qu'il avait faites pour l'instruire? rien de tout cela n'a existé, il est donc évident que tout ce que l'auteur avance à ce sujet est faux et mensonger. C'est d'ailleurs ce dont on peut puiser la preuve complète dans l'*Histoire du Procès des Patriotes de 1816* (1), qui fut rédigée à cette époque sur des documens authentiques.

L'auteur voudrait ensuite insinuer qu'on n'aurait pas dû condamner si rigoureusement ces criminels : l'avocat qui défendait Pleignier prétendait aussi qu'un cordonnier ne pouvait pas être un conspirateur bien

_______________

(1) Un vol. in-8. Prix : 2 fr. 5o c. à Paris ; 3 fr., franc de port, Guillaume et C^ie, libraires, rue Hautefeuille, n° 14.

dangereux ; cela serait vrai jusqu'à un certain point, s'il s'agissait d'organiser la rébellion, de faire une révolution à main armée, mais un homme de la lie du peuple peut bien entreprendre un assassinat. Louvel ne nous en a que trop donné la preuve, et c'était un garçon sellier. Qu'on cesse donc de vouloir combattre la surveillance qu'exerce l'autorité avec de pareils sophismes, cela ne peut tendre qu'à l'encouragement du crime.

Il m'est impossible, en parlant de l'assassinat du meilleur des princes par un forcené, de ne pas faire quelques réflexions sur les reproches adressés à M. Anglès, non-seulement par l'auteur de la brochure, *ceux-là mériteráient peu d'attention*, mais encore par des royalistes estimables qui se sont malheureusement laissé égarer par la douleur. Oui, j'ose le dire, il fallait manquer ou de raison, ou de bonne foi, pour soutenir que le duc de Berry n'a péri que par défaut de précautions de la part de la police ; il est vrai que pour appuyer cette assertion, on a prétendu que Louvel avait des complices, et que son crime n'était pas un crime isolé. Mais si l'on eût voulu écouter la raison et l'expérience, on aurait vu, en se reportant à l'histoire, des assassins comme Louvel parvenir à leurs fins sur deux de nos rois, sans que la police d'alors eût été accusée de complicité, ce qui est absurde, ni même d'imprévoyance, ce qui est injuste. Je le répète, de telles accusations n'ont pu être faites de sang froid, et n'ont été enfantées que par la douleur d'avoir fait une perte qui serait irréparable, sans l'espoir qui nous reste de voir revivre le malheureux prince dans son fils. Reconnaissons-le donc ; tel est le caractère des crimes produits par le fanatisme : celui qui le médite ne communique son projet à personne, il se nourrit de l'idée que l'action qu'il va commettre est nécessaire au succès de la cause qu'il a embrassée, il redoute de s'ouvrir à qui que ce soit dans la crainte de trouver des gens qui ne partageraient pas sa fureur, et qui pourraient retenir son bras. Voilà pourquoi, Jean Chatel, Ravaillac, Damiens et Louvel sont parvenus à mettre en défaut toute surveillance, et à exécuter leurs assassinats. On ne pouvait pénétrer un secret dont ils étaient seuls maîtres, et dès lors on ne pouvait plus empêcher un crime impossible à prévoir.

On voit par ce peu de mots combien la plume de cet auteur est venimeuse, et avec quelle insigne mauvaise foi il dénature les faits pour en étayer ses calomnies.

Si pourtant il s'était contenté de parler de la police politique qui est plus essentiellement secrète que toute autre, il aurait plutôt été fondé à espérer que l'on croirait ses impostures, parce qu'il ne se trouverait personne pour les démentir; mais il a la maladresse de citer des circonstances tellement connues de l'administration qu'il attaque, que l'on ne sait s'il n'y a pas plus de folie que d'impudence à hasarder des assertions si évidemment mensongères.

C'est ainsi qu'il nous parle de la disette de 1816, qui selon lui n'était que factice, et dont M. Anglès était seul l'auteur. On pourrait croire que pour justifier une imputation aussi grave l'auteur tente d'établir que le blé n'a pas manqué, et qu'il y a eu abondance; mais il sent trop l'impossibilité de soutenir une pareille thèse, pour se hasarder à l'entreprendre. Si pourtant il pouvoit nous faire oublier que l'été de 1816 a été l'un des plus désastreux qu'on ait vus; s'il pouvait effacer de notre mémoire le souvenir des pluies continuelles qui pendant cet été ont détruit les grains, ont empêché leur maturité; si au moins il parvenait à nous prouver qu'il est dans les attributions et dans les pouvoirs du préfet de police de maîtriser les saisons, alors je me rendrais à l'évidence, et je joindrais ma voix à celle de l'auteur pour accuser un magistrat coupable; mais jusqu'à ce que ces conditions soient remplies, cet auteur me permettra de ne voir en lui qu'un libelliste maladroit.

Cette époque de 1816 est assurément la plus remarquable et la plus glorieuse de l'administration de M. Anglès : il n'est personne qui ne se rappelle qu'à cause des pluies qui n'avaient cessé de tomber, la récolte était pourie sur pied, ou du moins n'était pas arrivée au point nécessaire de maturité; terminée ordinairement à la mi-août, elle avait été reculée jusqu'au 25 septembre; une partie des blés existait encore sur pied au mois d'octobre, en Piémont, aussi la disette fut-elle bien réelle, et non factice. Le gouvernement, effrayé de tels désastres, s'occupa pour assurer les subsistances de la population de la France, de faire venir une quantité considérable de grains de chez l'étranger.

Eh bien! dans ce désastre général, qu'a fait M. Anglès? il a presque continuellement entretenu l'abondance dans Paris, il a forcé les boulangers à cuire, il a fait cuire, et porter le pain sur tous les marchés, afin que le peuple n'en manquât pas; et lorsque dans toute la France on payait le pain douze sous la livre, sans même pouvoir toujours s'en procurer, les Parisiens ne le payaient que vingt sous les quatre livres; et afin que les boulangers ne pussent pas le vendre au-dessus du prix fixé, M. Anglès fit afficher son ordonnance à leur porte, mesure qui s'est conservée depuis, et qui empêcha une foule d'abus qui se commettaient par le passé. Voilà comment M. Anglès a créé la disette! Qu'aurait-ce donc été s'il eût été maître de pourvoir, avec les moyens de la ville, à sa subsistance, puisque nous avons vu par le rapport fait à la Chambre des Députés, que nos administrateurs avaient été obligés d'acheter les grains du gouvernement, et que c'était la cause pour laquelle celui-ci se chargeait d'une somme de six millions sur celle de vingt-quatre millions que la ville avait dépensée pour la subsistance de ses habitans.

L'auteur demande à M. Anglès de quel droit il a forcé les boulangers de cuire à cette époque, sous peine de leur faire fermer leurs fours. La réponse est facile et péremptoire, *c'est que le salut du peuple réclamait cet acte d'autorité.*

En effet, je me rappele qu'à cette époque les boulangers qui faisaient des pertes considérables menacèrent de ne pas cuire si l'on ne renchérissait pas le pain. M. Anglès, qui en fut averti, leur fit dire par les commissaires de police qu'ils eussent à continuer de cuire, sous peine de voir fermer leurs fours. En même temps il les fit assurer qu'il pourvoirait à leur indemnité. Certes, si M. Anglès n'eût pas déployé cette fermeté, si à cette époque, on eût été un jour sans pain à Paris, il en serait résulté des maux incalculables ; et en effet tout le monde peut se rappeler les révoltes qui ont eu lieu alors sur différens points de la France, et qui, si elles eussent éclaté à Paris, n'auraient peut-être pas été aussi heureusement réprimées. Assurément ce serait alors qu'on aurait pu adresser des plaintes à **M.** Anglès, c'est à lui seul qu'on eut dû s'en prendre de tous les malheurs qu'aurait occasionés la faiblesse de son administration ; mais loin qu'on puisse lui faire des reproches semblables, ces temps malheureux lui ont mérité la reconnaissance des habitans de Paris.

L'auteur de la brochure critique encore la manière dont la police est faite à l'égard des femmes publiques, qu'il trouve scandaleux de tolérer. A l'entendre, il faudrait faire revivre l'ordonnance de Saint-Louis qui les proscrivait de son royaume, et le capitulaire de Charlemagne qui porte contre elles la peine du fouet et du bannissement.

Je ne crois pas qu'un homme capable d'émettre de semblables propositions, et dont le discernement ne va pas jusqu'à établir une différence entre le treizième et le dix-neuvième siècle, mérite qu'on le réfute ; aussi n'est-ce pas pour lui, mais pour ceux qui l'auraient lu avec trop de confiance, que je vais entreprendre une réfutation de ce qu'il débite sur ce chapitre de faux et de mensonger.

D'abord, quant aux ordonnances de Saint-Louis sur les femmes publiques, il serait si peu praticable de les remettre en vigueur aujourd'hui, que, de son temps même, elles n'ont pu recevoir d'exécution. J'en puise la preuve dans l'*Histoire de Paris*, par Dulaure, ouvrage qui, publié récemment, ne manquera pas d'acquérir avant peu l'estime et la célébrité qu'il mérite. Un passage de cette histoire va faire voir quelles sont les mœurs que l'auteur que nous réfutons regrette. Voici comment l'auteur s'exprime, vol. 2, page 261, *Tableau moral de l'Histoire de Paris* (1) :

« La prostitution s'était accrue dans cette « ville en raison de l'accroissement de la

_______________

(1) *Histoire de Paris*, par Dulaure ; chez Guillaume et compagnie, libraires, rue Hautefeuille, nº 14.

« population. (La ville ne s'étendait pas au
« delà de la rue Coquillière d'un côté, et
« du palais des Thermes de l'autre. ) Saint-
« Louis voulut en diminuer les progrès ; il
« ordonna que les femmes publiques se-
« raient chassées des maisons qu'elles oc-
« cupaient, et que le propriétaire qui leur
« louait sa maison serait condamné à payer
« au prévôt, pour amende, le montant du
« loyer de la maison.

« Cette loi, comme la plupart de celles de
« Saint-Louis, fut mal exécutée. J'en ai pour
« garant le tableau des mœurs de Paris, au
« treizième siècle, qu'en a tracé le cardinal
« Jacques Devitry , natif des environs de
« cette ville, qui, d'abord comme écolier et
» ensuite comme légat du pape, y fit un très-
« long séjour.

« Dans ce temps de calamités, de périls
« et de crimes, dit-il, Paris, ainsi que les
« autres cités , était comme un cloaque de
« souillures, et ses habitans marchaient dans
« les ténèbres : alors la corruption du clergé
« de cette ville surpassait celle du peuple ;
« les ecclésiastiques, par leurs exemples per-

« nicieux, corrompaient un grand nombre
« d'étrangers qui de toutes parts y affluaient,
« dévoraient la population, et l'entraînaient
« dans un abîme de maux. Une simple for-
« nication chez les Parisiens n'était point
« regardée comme une faute. *Les filles pu-*
« *bliques, dans les rues, dans les places,*
« *devant leurs maisons,* arrêtaient effronté-
« ment les ecclésiastiques qui y passaient ; et
« si par hasard ils refusaient de les suivre,
« aussitôt elles criaient après eux en les ap-
« pelant sodomites. Car, continue notre his-
« torien, ce vice honteux et abominable, est
« tellement en vigueur dans cette ville, ce
« venin, cette peste y sont si incurables, que
« celui qui entretient publiquement une, ou
« plusieurs concubines est considéré comme
« un homme de mœurs exemplaires.

« Dans la même maison, ajoute-t-il, se
« trouve à l'étage supérieur une école, et à
« l'étage inférieur un lieu de prostitution.
« En haut le maître fait la lecture, et en bas
« les filles publiques exercent leur honteux
« métier. Ici ces filles se disputent entre elles,
« ou se querellent avec leur pourvoyeuse :

« là, les clercs étudians se disputent, et
« agitent les questions de l'école. »

Nous engageons l'auteur de la brochure
à lire dans le même ouvrage l'histoire du roi
des Ribauds, et à ne plus étudier l'histoire
de Paris dans le *Dictionnaire de Jurispru-*
*dence* de Denisart.

Voilà comment les mauvaises mœurs
étaient réprimées du temps de Saint-Louis,
au témoignage même d'un auteur contem-
porain ; et on a le front d'établir un parallèle
de cette époque, avec le temps ou nous
sommes ! et on ose soutenir que nos mœurs
sont plus désordonnées que celles d'alors !
Combien il faut être éhonté, et à la fois
ignorant, pour écrire des pareilles absurdités !

Ce n'est pas d'ailleurs sur l'histoire seule
que se manifeste l'ignorance de notre auteur.
Sa propre langue elle-même lui est inconnue;
car outre que chaque page de son écrit en
offre la preuve, lui-même prend soin de
nous la fournir. Et en effet, sur ce que le
bureau de la préfecture chargé de la police
des femmes porte le nom de bureau des

mœurs, il se récrie ; un bureau de mœurs pour des filles qui n'en ont pas ! Il ne sait donc pas cet auteur, qu'il y a de bonnes et de mauvaises mœurs, que parconséquent, la dénomination de bureau des mœurs ne veut pas dire bureau de la vertu et de l'innocence, comme il paraît l'entendre. Cette dénomination, au contraire, convient parfaitement à la chose ; car le bureau chargé de contenir les personnes qui ont de mauvaises mœurs, dans l'intérêt, et pour la sécurité de celles qui en ont de bonnes, a évidemment l'inspection, la surveillance des mœurs, et ne peut dès lors porter d'autre titre que celui de bureau des mœurs, si on veut que son titre indique la nature de ses travaux.

Je ne crois pas devoir laisser sans réponse les allégations que contient la brochure sur la manière dont on exerce la surveillance à l'égard des femmes de mauvaise vie.

Et d'abord ce n'est point une protection qu'on leur accorde à la police que la mesure qu'on y prend de les immatriculer ; et ce qui prouve qu'on est loin de protéger, et d'encourager ce honteux trafic, comme on l'insinue dans la brochure, c'est qu'on est très-sévère envers les femmes publiques, qu'on ne leur passe rien, et qu'on les punit sans rémission pour le plus léger scandale qu'elles occasionnent. L'auteur, au surplus, le reconnaît, puisque, se contredisant lui-même, il blâme M. le préfet de police d'en tenir un certain nombre à la Petite-Force, où on les fait travailler.

Il est donc vrai de dire que si on les enregistre, et qu'on leur délivre des certificats de leur présentation au bureau, ce n'est point pour leur assurer la protection de la police, mais au contraire pour les placer sous une surveillance étroite, qui à leur égard est indispensable.

C'est encore un mensonge gratuit que de dire qu'on ne demande point à la fille qui se présente à l'admission les noms de ses père et mère ; il faut au contraire qu'elle les déclare, et même dans le cas où elle n'aurait pas été déjà débauchée, on ne l'enregistrerait pas sans leur consentement. Que peut-on faire de plus ? L'auteur cher-

chera-t-il à nous persuader que si l'on refu-
sait d'admettre une femme déjà débauchée
et échappée de la maison paternelle, elle
rentrerait dans le chemin de la vertu, et ne
sait-il pas lui-même, que, loin de-là, elle ferait
le commerce clandestinement, et serait alors
hors de la portée de toute surveillance? Il
vaut donc mieux lui accorder le brevet de
turpitude qu'elle sollicite, et la rendre dé-
pendante de l'autorité, que de lui laisser par
un refus une indépendance dangereuse.

C'est à ce sujet que l'auteur rapporte l'événement fâcheux arrivé à un officier supérieur; mais il ne manque pas d'en altérer les
circonstances pour trouver occasion d'in-
culper la police.

La vérité est que la fille de cet officier,
jeune personne dont les inclinations étaient
malheureusement vicieuses, s'étant sauvée
de chez son père, et n'ayant d'autre ressource
que celle de trafiquer d'elle-même, s'adressa
à une fruitière à laquelle elle déclara ses intentions, qui l'envoya en conséquence à la
femme Lévêque au Palais-Royal; celle-ci,
d'après la détermination de la jeune fille, la

présenta à la police pour qu'on l'enregistrât, ce qui fut fait après que par ses déclarations elle eut satisfait aux règles d'usage.

Environ un jour après, quelqu'un chargé par le père se présenta pour la réclamer, et on lui avait si bien fait décliner ses noms à la police, qu'on mit de suite le réclamant sur sa trace. Celui-ci vint donc la redemander à la femme Lévêque. Cette dernière, déjà fâchée de perdre la fille, ne voulut pas du moins perdre ce qu'elle lui avait coûté d'habillement, et de nourriture ; en conséquence elle demanda vingt francs ; et comme le réclamant ne voulut pas payer cette somme, on lui refusa la jeune fille. Évidemment l'agent de police ne pouvait contraindre la femme Lévêque à faire le sacrifice de ses vingt francs ; ç'aurait été plus que de l'arbitraire.

Il paraît pourtant que pendant tous ces pourparlers, la jeune personne fut prostituée. Sans doute c'était un grand malheur pour son père, et celle qui avait favorisé sa prostitution n'était pas à beaucoup près irréprochable : aussi des plaintes furent-elles portées tant contre elle que contre l'agent de police qui avait reçu les réclamations à ce sujet. Si l'on en croyait l'auteur de la brochure, M. Anglès aurait étouffé ces plaintes et aurait protégé son agent contre elles; mais c'est une fausseté, et loin qu'il en soit ainsi, il a fait fermer la maison Levêque, qui n'a obtenu de rouvrir que douze ou quinze jours après, et il a fait mettre son agent en prévention : et si l'on veut savoir pourquoi celui-ci n'a pas subi de condamnation à ce sujet, c'est que bien innocent de ce qui s'était passé, il a été renvoyé par le juge d'instruction, qui a déclaré qu'il n'y avait pas lieu à suivre. Les imputations de l'auteur sont donc encore démontrées fausses et calomnieuses.

L'auteur copie dans son ouvrage le budjet de la ville, et il voudrait que M. Anglès lui rendît des comptes sur ses dépenses ; comme je ne crois pas qu'il ait reçu de mission du ministre de l'intérieur pour l'exiger, je me dispenserai de lui répondre. Toutefois ce qui m'étonne fort, c'est qu'il trouve mauvais qu'on paye des appointemens et des gratifications aux chefs de division et autres

employés de la préfecture ; cependant, puisqu'ils font le travail, il est juste qu'ils soient
payés en raison de leur peine. Mais il faut le
dire, tout blesse et offusque cet austère cen-
seur. Les actions les plus innocentes devien-
nent à ses yeux des crimes. Il n'y a pas jusqu'à un voyage que M. l'Inspecteur général
Foudras a fait aux eaux pour sa santé, où il
ne trouve matière à inculpation. Mais il y a
plus ; et ce qui met le comble à sa colère,
c'est que son retour ait été annoncé à la préfecture où il loge, par les coups de fouets des
postillons, qui ont, comme on sait, l'habitude
de vous remercier ainsi de leur pourboire ;
et que les employés qui travaillent sous ses
ordres, ayant à leur tête son frère, qui l'aime
tendrement, soient venus le féliciter et lui
témoigner le plaisir qu'ils éprouvaient de le
revoir. Ce dernier trait indigne notre auteur,
qui, comme on le voit, s'indigne pour peu
de chose, car rien n'est plus naturel que ces
félicitations. En effet, si M. Foudras traite
bien ses subordonnés, s'il a fait le bonheur
de son frère, rien de plus juste qu'ils lui
en témoignent leur reconnaissance, et qu'ils

soient satisfaits de son retour. Notre auteur s'en plaint ; mais que dirait-il si toutes
ćes personnes se haïssaient et vivaient en
ennemis ? il aurait alors un bien plus beau
champ pour semer ses calomnies. Voilà pourtant comment aujourd'hui on prétend ex-
citer la curiosité publique. On scrute la vie
privée des particuliers, et ne pouvant ca-
lomnier leur vie publique, on critique ce qui
se passe dans leur intérieur ; s'ils ont des ennemis, on les accable de réprobation ; s'ils
ont des amis, on suspecte la manière dont ils
se les sont acquis, et avec tout cela on fait
un livre, où la hardiesse des calomnies les
fait paraître probables aux yeux de quelques
gens d'honneur qui ne peuvent pas croire à
l'imposture.

Au reste, notre auteur n'est pas heureux
dans le choix de ses sujets de reproches
quant à la vie privée de M. Anglès. Il com-
mence par critiquer sa naissance. Cependant,
fils d'un avocat, il nous semble que son ori-
gine est assez noble, pour que loin d'en rougir,
il puisse lui-même s'en faire honneur. Mais
l'auteur ne se borne pas là, et il ajoute à ce

reproche celui qu'il croit capable de désho-
norer M. Anglès, d'avoir servi, lorsque la
conscription l'atteignit, dans les charrois mi-
litaires, puis comme novice-timonier à bord
du bâtiment le Duquesne, en rade à Brest.

Depuis quand donc est-ce un déshon-
neur d'avoir obéi à la loi de l'État, et d'avoir
servi dans ses armées ou dans sa marine ?
Quoi ! parce qu'on n'a point été investi d'un
grade à son premier pas dans la carrière, on
sera marqué d'une tache ineffaçable ! C'est
là un étrange système. J'ignore jusqu'à
quel point ces circonstances de la vie de
M. Anglès sont vraies ; mais elles ne peuvent que lui faire honneur ; et quand je les
lui vois reprocher, il me semble entendre
*Thersite* reprocher à nos maréchaux et à
nos généraux les plus illustres d'avoir autre-
fois manié un fusil pour défendre la patrie.
Comme si l'illustration qu'on tire de sa bra-
voure ou de son mérite, comme si la no-
blesse qu'on acquiert comme récompense
d'actions courageuses ou utiles n'avait pas
cent fois plus de prix, n'était pas mille fois
plus honorable que celle qu'on reçoit avec

le jour, sans avoir rien fait pour s'en rendre digne, et dont on hérite souvent, sans recueillir en même temps de la succession de ses pères la vertu qui la leur ont obtenue.

En déplorant le malheur qu'il a de vivre sous l'administration d'un nouveau noble, cet écrivain paraît *regretter la Bastille*, et le temps où MM. de Sartine et Le Noir étaient lieutenans de police ; mais il sent mal ses intérêts. Qu'il remercie au contraire la Providence de ne l'avoir pas fait naître sous ce régime, car je puis l'assurer que sa brochure n'aurait pas vu impunément le jour. Ce n'est pas non plus seulement à la Bastille que ces magistrats l'auraient logé, mais ils lui auraient donné un gîte dans un des cabanons de Bicêtre.

L'auteur prétend que M. Anglès, en parlant de son ouvrage, a dit dans une réunion de personnes qui lui étaient attachées : *Vous connaissez, messieurs, un ouvrage infâme qui vient de paraître, et dans lequel mon honneur est attaqué ; l'auteur est un misérable que je méprise.*

Pour admettre la vérité de ce fait, il faut

supposer que M. Anglès a eu le courage de lire ce pamphlet, et c'est une tâche que j'ai eu bien de la peine moi-même à remplir; mais, au surplus, s'il la lu, il n'a pas pu dire que son honneur était attaqué; ce n'est pas un tel écrit qui peut compromettre l'honneur de qui que ce soit, et celui de M. Anglès est à l'abri de toute attaque. Je ne crois pas non plus qu'il ait dit : Je méprise l'auteur; seulement il a pu le penser, et l'a en effet prouvé à celui-ci en ne le livrant pas aux tribunaux, où il aurait subi une condamnation bien méritée.

Pour moi je n'ai pu garder le sang-froid dont M. Anglès me donnait l'exemple, et l'indignation m'a mis la plume à la main. J'ai voulu repousser les odieuses inculpations dont il était l'objet; connaissant la vérité, je la lui devais, je me la devais à moi-même.

Mon témoignage au surplus ne peut être suspecté; car si M. Anglès a bien voulu me donner une place, il l'a bientôt après supprimée. Cependant je n'ai pas cru que l'ingratitude dût l'emporter sur la reconnaissance; et je me serais cru coupable, si j'eusse laissé la calomnie répandre son venin quand il était en mon pouvoir de la confondre.

Je n'ajouterai plus qu'un mot, c'est que je n'ai rien avancé dont je ne puisse fournir la preuve. S'il se trouvait une seule personne qui doutât de quelque fait, qu'elle s'adresse à moi, et je m'engage à lui indiquer jusqu'au carton où se trouveront les pièces justificatives du fait qu'elle révoquera en doute. Où en serait l'auteur que je réfute, si on lui en demandait autant ?

FLEURY.